Englands Wirtschaftskrieg gegen Deutschland

Gustav Stresemann

Alpha Editions

This edition published in 2022

ISBN : 9789356903203

Design and Setting By
Alpha Editions
www.alphaedis.com
Email - info@alphaedis.com

Englands Wirtschaftskrieg gegen Deutschland

Von

Dr. Gustav Stresemann

Auf deiner Insel,
neidisches England,
du bist der Urfeind.

Schmidtbonn

Seit den Zeiten, in denen französische Eroberungslust unter Ludwig XIV. die deutsche Pfalz verwüstete, den Zeiten, von denen die Ruinen des Heidelberger Schlosses zeugen, gilt über Napoleon I. und seinen kleinen Namensträger Napoleon III. hinweg bis in die Zeiten der französischen Revanchepolitiker, der Augenblickserscheinung eines Boulanger und der Politik eines Delcassé, Frankreich schlechthin als der Erbfeind der deutschen Nation. Allen Deutschen war der Gedanke gegenwärtig, daß um das Deutsche Reich, welches auf den Schlachtfeldern errungen war, noch einmal auf den Schlachtfeldern gestritten werden müßte, um seine Existenz zu bewahren. Westwärts war der deutsche Blick in diesem Sinn gerichtet, und wenn in Stunden der Erinnerung an deutsche militärische Großtaten die Herzen sich weiteten und der Deutsche zum Ausdruck bringen wollte, daß er sein Vaterland schützen werde gegen jeden Angriff, der von außen käme, dann sprach er von der Wacht am Rhein und davon, daß Deutschlands schönster Strom mit dem Herzblut des deutschen Volkes verteidigt werden würde.

50 Jahre des Friedens hat uns Moltke als das Höchstmaß dessen genannt, was uns beschieden sein würde, bis wir wieder zum Schwerte zu greifen hätten. Ehe noch dieses halbe Jahrhundert verflossen war, ist der Weltkrieg ausgebrochen, der gegenwärtig in allen Erdteilen Kämpfer aufruft. Von dem ersten Augenblicke an, in dem es klar war, daß wir diesen Kampf zu bestehen hätten, da scholl wie in alter Zeit die Wacht am Rhein aus den Kehlen der Deutschen. Aber die Augen und der Sinn richteten sich nicht so sehr gegen Westen hin, wo Frankreich seine Heere aufgestellt hatte, um Revanche zu nehmen für Sedan und Metz und den Einzug in Paris, auch nicht so sehr nach dem Osten hin, wo Millionenheere bereit standen, um über deutsche Gaue herzufallen, wie nach der Nordsee, nach England.

Fast jeder der am Weltkrieg beteiligten Staaten hat in der Zwischenzeit Dokumente erscheinen lassen über den Ursprung des Krieges. Jeder sucht durch Zusammen Stellung von allerlei Beweisstücken die Verantwortung für den Ursprung des Krieges dem Gegner zuzuschieben. Für den Historiker späterer Zeiten werden diese Weißbücher und Gelbbücher, und wie sie alle genannt seien, ihren wenn auch bedingten Wert haben. Helfferich hat auf Grund einer Vergleichung dieser Dokumente das Wort von Rußland als dem Brandstifter dieses Krieges geprägt. Aber der Volksinstinkt, jene unwägbare Seelen Stimmung des Volkes, von der Bismarck einst sprach, hat längst erkannt, daß es sich in diesem Weltkrieg nicht handelt um die Mordtat in Serajewo und deren Sühnung, nicht handelt in erster Linie um russischen Expansionsdrang oder französische Revanchelust, sondern daß es den Kampf gilt zwischen England und Deutschland, einen Kampf um Leben und Tod, einen Kampf um Größe oder um Untergang, nicht herausgeboren aus völkischen und politischen Gegensätzen der Nationen, nicht herausgeboren aus dem Gefühl, empfangene Niederlage auf dem Schlachtfeld zu sühnen, sondern um einen Kampf, herausgeboren aus wirtschaftlichen Beweggründen, der als der gigantischste Wirtschaftskampf aller Zeiten dastehen wird und der im deutschen Volk lodernden Zorn mit vollem Recht deshalb ausgelöst hat, weil seine Motive letzten Endes in der aus dem Hochmutsgefühl der Weltherrschaftsbestimmung entspringenden Erregung gegen einen unbequemen Wettbewerber und in einem schrankenlosen Erwerbsdrang liegen. Das deutsche Gefühl, das seit Scharnhorsts Zeiten in dem Grundsatz der allgemeinen Wehrpflicht seine höchste Ehre sieht, wendet sich mit Verachtung hinweg von einem Land, das mit Söldnern seine Kriege führt, dic alte Traumjörgnatur des Deutschen fühlt sich abgestoßen von der kühlen, rechnerischen Natur eines englischen Ministers, der davon spricht, daß dieser Kampf geführt werden muß bis zur letzten silbernen Kugel. Der Gegensatz Rom-Karthago steigt im 20. Jahrhundert erneut auf, und die Welt hält den Atem an, um zu sehen, wer in diesem Ringen Sieger bleiben wird.

Mit dieser Stimmung des deutschen Volkes gegen England sind vor allem die weitesten Kreise der Industrie und des Handels einig. Als die Nachricht von der Niederlage Englands bei St. Quentin an der Börse zu Hamburg bekannt wurde, da spielten sich dort Szenen eines Freudenausbruches ab, die man dem korrekt steifen Hamburger Kaufmannsstand kaum zugetraut hätte. Um die Jahreswende 1914 hat die „Korporation eines ehrbaren Kaufmannes" zu Hamburg in einer Kundgebung an den deutschen Reichskanzler als Empfindung der Hamburger Kaufleute zum Ausdruck gebracht, „sie (die Hamburger Kaufleute) achteten nicht der Verluste an Geld und Gut zu einer Zeit, da alle Söhne und Brüder voller Begeisterung in einen Kampf ziehen, der für die Erhaltung des Vaterlandes geführt wird und der nach so schweren Opfern nicht eher beendet werden darf, als bis die Zerstörer des Weltfriedens, vor allem das in seiner Kriegführung nicht nur dem Völkerrecht, sondern jeder

Gesittung und Ritterlichkeit hohnsprechenden England gezwungen worden ist, Deutschland volle Freiheit in der friedlichen Weiterentwicklung seiner internationalen und wirtschaftlichen Kräfte zu gewährleisten”.

In gleichem Sinne hat der Vorsitzende der Bremer Handelskammer, Lohmann, an demselben Tage als Vertreter dieser Handelsstadt mit ihren vielseitigen Verbindungen zu England und dessen Kolonien der staunenden Frage Ausdruck gegeben, wie blinder Geschäftsneid gegen die erfolgreiche Weiterentwicklung seines deutschen Wettbewerbers England zur Kriegserklärung gegen Deutschland veranlassen konnte. Zur Erklärung verwies er auf die Worte des englischen Admirals Monk bei der Zerstörung von Neu-Amsterdam, jetzt Neuyork: „Was wollen wir uns erst mit Gründen abgeben? Was wir brauchen, ist mehr von dem Handel, den jetzt die Holländer haben.”

Beim 250jährigen Jubiläum der Hamburger Handelskammer klang es aus den Ansprachen Hamburger Kaufleute erneut heraus, daß Deutschland sich seinen Platz in der Welt von niemand nehmen lassen wolle, „von niemand, zum wenigsten von diesen Engländern, die diesen Krieg heraufbeschworen haben, von diesen Engländern, von denen Houston Stewart Chamberlain sagt, daß sie in ihrer Moral und als Staat morsch seien bis auf die Knochen. Neid und Niedertracht haben diesen Krieg hervorgerufen, weil wir es in der Welt, in Handel, Schiffahrt und Industrie vorwärts gebracht haben, weil wir fleißig gewesen sind und etwas gelernt haben.” Aus den Kreisen der deutschen Flotte klingt es noch stärker heraus: „Mit allen Fasern unseres Herzens müssen wir danach trachten, England zu vernichten. Wenn je ein Haß berechtigt war, so ist es der gegen England. England niederzuwerfen ist geradezu eine Kulturtat,” so sprach Vizeadmiral v. Kirchhoff in Gegenwart des Königs von Sachsen unter allgemeiner Zustimmung in Dresden.

Daß in diesem Ringen nach allen Seiten hin sich alter deutscher Waffenruhm bewähren würde auf dem Gebiet der Heereskämpfe, das hat niemand anders erwartet, daß er sich so herrlich bewähren würde auf dem freien Meere, das ist vielen in der Welt überraschend gekommen, während allerdings demjenigen, der die zielbewußte Arbeit der deutschen Flotte seit Jahren beobachtet hatte, von vornherein vor Augen stand, daß sie in glänzender Weise ihre Pflicht erfüllen würde. Mit liebevoller Anteilnahme ist der Deutsche den Waffentaten unserer jungen Flotte gefolgt, kann sich doch trotz allem, was an Poesie vergangen ist, seitdem die hohen Masten und Segel ersetzt worden sind durch die nüchternen Schornsteine, die Phantasie vielmehr knüpfen an den schlanken Rumpf eines Schiffes, das einen Namen trägt, der gewissermaßen Persönlichkeit verleiht, als wenn im Kampf der Millionen gegen die Millionen die Bedeutung der Einzelpersönlichkeit und der Ruhm einzelner Regimenter sich verliert und nur wie leuchtende Sterne

Namen einzelner Heerführer hervorleuchten. Die kühnen Fahrten deutscher Unterseeboote, der Sieg des deutschen Geschwaders an der chilenischen Küste und sein heldenhafter Untergang an den Falklandsinseln, der prächtige Durchbruch der „Goeben" und der „Breslau" aus der Bucht von Messina, die Fahrten deutscher Schiffe an Englands Küste, die von Romantik umwobenen Taten der „Emden" und der „Karlsruhe", davon wird man noch singen und sagen in späten Zeiten. Noch ist in dem Augenblick, in dem diese Zeilen niedergeschrieben werden, keine Entscheidung des Krieges gefallen, aber eines steht schon heute fest, daß etwas zugrunde gegangen ist, worauf Englands Weltherrschaft in der Welt zum größten Teil beruhte, daß zugrunde gegangen ist die Tradition von Englands Unüberwindlichkeit zur See, zugrunde gegangen die Tradition von Englands unüberwindlicher Flotte. Mit nüchternen Worten hat der Leiter der größten Dampfschiffreederei der Welt, hat Herr Ballin derjenigen englischen Zeitung, die ihm Kleinmut sowie den Ausspruch andichtete, daß die Möglichkeit eines erfolgreichen Ausganges des Kampfes gegen England ausgeschlossen sei, gesagt: „Meines Erachtens ist England heute schon besiegt, denn ein England, das in einem solchen Kriege seine Flotte versteckt und sich nicht mehr aufs Meer hinaus traut, hat aufgehört, das alte England zu sein. Es hat vor allen Dingen sich damit ein für allemal des Rechts begeben, mitzusprechen, wenn es sich um eine Frage des europäischen Gleichgewichts handelt."

Besser als alle Lügen der Gegner hat der Kanonendonner an der chilenischen Küste die Möglichkeit dieses Sieges gezeigt. Dem endgültigen Sieg in großer, entscheidungsvoller Stunde sehen die deutschen Herzen sehnsuchtsvoll erwartend entgegen.

Aber der Kampf zwischen England und Deutschland wird auch auf anderem Gebiet entschieden, auf dem Gebiete des Wirtschaftskampfes beider Völker, und von diesem Wirtschaftskampf, von seinen Ursachen, seinen Mitteln und seinem voraussichtlichen Ausgange soll die Rede sein in diesen Blättern.

Die Entwicklung des Wirtschaftskampfes zwischen England und Deutschland fällt erst in die Zeit nach Errichtung des Deutschen Reiches und nach seinem gewaltigen wirtschaftlichen Aufschwung, der zusammenfassend niedergelegt worden ist einmal in der seinerzeitigen Denkschrift über die Entwicklung der deutschen Seeinteressen, die das Reichsmarineamt um die Wende des 20. Jahrhunderts herausgab, und erneut zutage trat in den Veröffentlichungen, die anläßlich des Regierungsjubiläums erschienen sind. Ich denke an die Schrift von Helfferich über den Volkswohlstand Deutschlands, ferner an die hervorragende

Zusammenstellung, welche Dr. Hjalmar Schacht, der Direktor der Dresdener Bank, über die wirtschaftlichen Kräfte Deutschlands verfaßt hat, an Steinmann-Buchers verdienstvolle, aufklärende Schriften und die wertvollen Arbeiten in den vielen politischen und wirtschaftlichen Rückblicken jener Tage. Die Ziffern, die in genannten volkswirtschaftlichen Schriften niedergelegt sind, stellen das Endergebnis einer Entwicklung von Jahrzehnten dar, einer Entwicklung, die unmöglich gewesen wäre ohne die politische Einheit, zu welcher das Deutsche Reich sich 1870 emporgerungen hatte, als der deutsche Idealismus der Frankfurter Paulskirche sich mit der Realpolitik Bismarcks vermählte.

Es ist ein weiter Weg, der von den Tagen, in denen in der schwarzrotgoldenen Begeisterung der deutschen Jugend zum erstenmal der Gedanke der deutschen Freiheit und Einheit aufflammte, bis zum 18. Januar 1871, wo durch eine Politik von Blut und Eisen das junge Reich geschmiedet wurde, auf deren Notwendigkeit vor dem Realpolitiker Bismarck bereits selbst einer der achtundvierziger Sturmgesellen, Gottfried Kinkel, in seiner Verteidigungsrede vor den Geschworenen hingewiesen hatte. Wir haben in den letzten Jahren die Gedenkfeiern begangen an die deutschen Freiheitskämpfe. Wir haben das gigantische Denkmal auf Leipzigs Fluren, das in markiger Weise zum Ausdruck bringt, was damals namentlich das preußische Volk geleistet hat, errichtet. Es ist selbstverständlich, daß preußisch-deutsche Auffassung diese Zeiten und Kämpfe ansieht als die [illegible] dem Zusammenbruch der militärischen Macht des großen Eroberers auch den Sieg begrüßte, durch den die französische Herrschaft auf deutschem Boden zerstört wurde. Die deutsche Schulerziehung stellt Napoleon I. als einen gewalttätigen Eroberer hin, der sich nur wohlfühlte in einem Meer von Blut, der von Krieg zu Krieg schritt, bis seine Kräfte im russischen Eise erstarrten, bis das niedergedrückte preußische Volk sich mit Einsetzung aller Kräfte gegen den Eroberer erhob. Wir wissen heute aus den Schriften von Lenz und von anderen, daß dieses Bild, wenn es so gezeichnet ist, gewaltige Verzerrungen aufweist. Wir wissen, daß der Mann, der den Code Napoleon schrieb, der ein gewaltiger Verwaltungskünstler war, der Mann, in dessen Kopf zuerst der Gedanke der Wertzuwachssteuer entstand, der auch den König von Preußen 1806 noch warnte, den Kampf gegen ihn aufzunehmen, trotzdem er seines Sieges gewiß war, nicht den Krieg um des Krieges willen führte, und wir wissen auch, daß das ihm vorschwebende gewaltige Ziel nicht die dauernde Unterdrückung Deutschlands-Preußens, sondern die Aufrichtung der Hegemonie Frankreichs über England war.

„Zwo gewaltige Nationen ringenum der Welt alleinigen Besitz,aller Länder Freiheit zu verschlingen,schwingen sie den Dreizack und den Blitz.Seine

Handelsflotten streckt der Britegierig wie Polypenarme aus,und das Reich der freien Amphitritewill er schließen wie sein eignes Haus."

Mit diesen Worten hat Schiller das anbrechende 19. Jahrhundert geschildert. Gerade in der Gegenwart hat die Erinnerung an diesen Weltkampf erneuten Reiz gewonnen. Welche Bilder steigen vor unserem Geiste auf! Das Bild Napoleons, der in Ägypten angesichts der tausendjährigen Pyramiden Englands Weltherrschaft hier an ihrer empfindlichsten Stelle treffen wollte, und der Napoleon, der im Lager von Boulogne sur Mer seine Transportschiffe liegen hat, um sein Heer nach England überzusetzen, und der seitdem von England in einen Krieg um den anderen gehetzt wird: „Soldaten," so ruft er aus in den Tagen von Boulogne sur Mer, „wir können nicht nach England gehen, denn das Gold der Engländer hat den Kaiser von Österreich bewogen, uns den Krieg zu erklären." Und wiederum der Napoleon, der auf St. Helena zu dem getreuen Las Cases sagte, daß England ihm niemals den Besitz von Belgien verziehen habe, der Antwerpen — allerdings das Antwerpen mit der freien Scheldemündung — die auf die Brust Englands gesetzte Pistole nennt, und der Napoleon der Kontinentalsperre, der England da treffen will, wo es am empfindlichsten ist, in seiner wirtschaftlichen Existenz. England führte damals genau so wie heute den Kampf mit seinen Söldnertruppen, vor allem aber mit den Truppen anderer Nationen, überall waren seine Subsidien zu haben, wo es gegen Frankreich galt. Es bekämpfte in Frankreich die damals zweitstärkste Kontinentalmacht, es hatte, wie Bülow in seinen Ausführungen über die auswärtige Politik sagt, schon dem Gesandten Ludwigs XIV. gegenüber ein Bündnis mit Frankreich verweigert, weil diesem Bündnis eine bedenkliche Tatsache gegenüberstände, nämlich die Tatsache, daß Frankreich sich eine eigene Flotte bauen wolle. Die Subventionen an Friedrich den Großen im Siebenjährigen Kriege galten nicht dem emporstrebenden Preußen, sondern dem gegen Frankreich kämpfenden König, den es übrigens, sobald es seine Interessen erforderten, in der rücksichtslosesten und brutalsten Weise im Stiche ließ. Als Napoleons Macht zusammengebrochen war, als er selbst in seinem Brief an den König von England Themistokles gleich den Küsten seines mächtigsten Gegners sich nähert, da war zwar die englische Staatsschuld auf 16 Milliarden Mark gewachsen, aber Englands Weg zur unbedingten Weltherrschaft im 19. Jahrhundert gesichert.

Was haben die Gegner Napoleons nach den Siegen von 1813/15 erreicht? Preußen erhielt wohl seinen alten Gebietsumfang, aber nicht seine alten wirtschaftlichen Kräfte. Die Phrase, daß man den Kampf gegen Napoleon und nicht gegen das französische Volk führte, hat sogar im ersten Pariser Frieden noch dazu geführt, daß man eine Kriegsentschädigung von Frankreich nicht gefordert hat. Erst als der Gefürchtete von Elba zurückkam, als sein „Adlerflug" ihn von der französischen Küste bis nach Paris trug, als die Monarchen sich erneut an ihr Volk wenden mußten und als daraufhin der alte Blücher und der große Staatsmann, der Freiherr vom Stein, Bewegungsfreiheit erhielten, da wurde nach langem Feilschen auch eine Kriegsentschädigung erreicht, die aber bei weitem nicht Preußen für das zu entschädigen vermochte, was es in der Zeit von 1806 bis 1813 hatte leiden müssen. Hat doch Napoleon I. nach seinen eigenen Mitteilungen fast 1 Milliarde Mark aus Preußen herausgepreßt; noch beinahe bis in die Gegenwart haben preußische Städte abzahlen müssen von den Anleihen, die sie gemacht hatten, um die Forderungen Napoleons erfüllen zu können. Preußen war nach den Freiheitskriegen ein armes Land. Als das Rheinland wieder zu Preußen kam, da sagte der alte Schaaffhausen in Köln: „O je, da heiraten wir in eine arme Familie hinein." Elsaß-Lothringen blieb französisch, vergeblich hat Freiherr vom Stein versucht, dieses deutsche Land Deutschland wieder zuzuführen, vergeblich war der Versuch, die einstige Westmark des Reiches, das belgische Gebiet, dem Deutschen Reiche wiederzugewinnen. Deutschland, Österreich und Rußland erhielten nichts anderes als ihre alten Grenzen, England aber erhielt durch die Niederlage Napoleons die Schlüssel der Weltherrschaft. Verständlich ist deshalb der Jubel, mit dem Blücher empfangen wurde, verständlich, daß im Londoner Parlament das Bild hängt, das Blücher zeigt, wie er mit seinen Truppen auf dem Schlachtfeld von Belle-Alliance eintrifft, um den Sieg an die Fahnen der schon halb niedergebrochenen englischen Regimenter zu knüpfen.

Denn wer wollte England die Weltherrschaft streitig machen? Frankreich war nach den napoleonischen Kriegen zusammengebrochen und mußte jedem imperialistischen Gedanken entsagen. An eine große französische Flotte war nach der Schlacht von Trafalgar gar nicht zu denken. Rußland besaß keinen Weltbeherrschungsdrang, in Deutschland sorgte der Dualismus zwischen Österreich/Süddeutschland auf der einen und Preußen/Norddeutschland auf der anderen Seite dafür, daß sie sich gegenseitig die Wage hielten, und daß Zersplitterung und Kleinstaaterei jeden Drang nach deutscher Größe und jede Anknüpfung an die alte Hansezeit verhinderte. Dänemark, dessen Flotte England in räuberischer Weise im Jahre 1800 hinweggeschleppt hatte, als es die unbefestigte Stadt Kopenhagen mitten im Frieden beschoß, Holland, Spanien oder Portugal waren Staaten zweiten oder dritten Ranges. Der Weg zur Weltherrschaft stand England frei, und es verstand ihn auszunutzen.

Wie England dies tat, zeigt zunächst die gewaltige Entwicklung, die sein Kolonialbesitz seit seinen Kämpfen mit Frankreich genommen hat. Dr. Hennig hat in seinem Buche „Unser Vetter Tartuffe, oder wie England seine Kolonien erwarb", diese Entwicklung englischer Kolonialherrschaft geschildert. 1763 war Kanada englisch geworden, im Pariser Frieden fielen ihm außer Kanada noch Grenada, St. Vincent, Dominica, Tobago und das ganze ehemalige französische Senegalgebiet zu. Als die Franzosen unter Napoleon Holland eroberten, rächte sich England dafür, indem es die Kapkolonie, Malakka und das westliche Sumatra den Holländern raubte. 1796 kam Ceylon hinzu. Den Spaniern, als Frankreichs Verbündeten, nahm es Puerto Rico und Trinidad. Wenn auch einige der geraubten Inseln und Besitztümer zurückgegeben werden mußten, so konnte England 1802 doch die für die Beherrschung des Weltmeeres äußerst wichtige Insel Malta behalten. 1809 wurde Martinique, das vorher zurückgegeben worden war, von neuem besetzt, Guadeloupe, Ile de France, die Seychellen folgten. Helgoland, das Kaiser Wilhelms weise Voraussicht uns wieder zuführte, wurde 1808 den Dänen entrissen.

Als Frankreich durch Napoleons Niederlage aus der Rivalität mit England ausschied, begannen die Unternehmungen in Ostindien, 1826 war ein zusammenhängendes Gebiet von 3 Millionen Quadratkilometern in Ostindien in englischem Besitz. Bald darauf ging es in seinen Eroberungszügen gegen Hinterindien vor. Australien wurde gegen 1830 England einverleibt. Es folgten der Kampf um Englands Einfluß in Persien und Afghanistan, der Opiumkrieg mit China, der unmoralischste Krieg, den die Welt je gesehen hat, in dem an England im Frieden von Nanking die Insel Hongkong und im Frieden 1860 weitere Gebiete fielen. — In Afrika wurde Aden 1839 genommen. Der Suezkanal, den Lord Palmerston zunächst als das größte Schwindelunternehmen des ganzen Jahrhunderts kennzeichnete, wurde unter englischen Einfluß gestellt, in Südafrika die Buren von einem Treck zum anderen getrieben, bis sie zu Anfang des 20. Jahrhunderts in Transvaal und der Oranjerepublik sich unabhängige Gebiete sichern konnten, aber nur so lange, bis die Gold- und Diamantenfunde die englische Raubsucht erweckten und zur Niederringung der Freiheit auch dieser Staaten und zu südafrikanischen Kolonien unter des Spaniers Botha unterwürfiger Herrschaft führten. Von Süden und Norden drang englische Eroberungssucht vor. Frankreich mußte in Faschoda erkennen, was es heißt, England auf diesem Wege entgegenzutreten. Zypern wurde als Belohnung für die Neutralität im Russisch-Türkischen Krieg 1878 eingesteckt, 1882 wurde das englische Protektorat über Ägypten mit einer Scheinfreiheit des Khediven und einer Scheinoberhoheit des Sultans errichtet. Im Sudan drang man weiter vor. Wituland und Sansibar ließ man sich von Deutschland im Sansibarvertrag abtreten. Durch Uganda wurde 1899 der Zusammenhang des britischen Reiches in Nordafrika sichergestellt, der große imperialistische Traum von Cecil Rhodes einer Bahn von Kapstadt nach Kairo nur durch englisches Gebiet näherte sich seiner Verwirklichung, nur Deutsch-Ostafrika lag dazwischen. In Asien wurde schließlich die wichtige Bucht von Wei-hai-wei erworben, mit Rußland verständigte man sich über die Interessensphäre in Persien, der unter deutschem Einfluß stehenden Bagdadbahn suchte man das wichtigste Schlußstück englischerseits zu versperren, und so sah die Welt, als das 19. Jahrhundert seinem Ende sich zuneigte, ein ungemessenes englisches Kolonialreich in allen Erdteilen; Kanada und Indien, Australien, Kapland, Ägypten und die wertvollsten Inseln der Erde waren in den Händen von England, seine Flotte die größte der Welt, die Meeresstraßen unter seiner Kontrolle, seine Handelsflotte unerreicht, sein Welthandel an der Spitze aller Völker, sein Wort das wichtigste auf allen Konferenzen, die über politische Geltung entschieden. So stand es im wesentlichen schon da, als das junge Deutsche Reich erst in seine Erscheinung trat.

Was aus diesem jungen Deutschen Reiche geworden ist in den 44 Jahren seit seiner Begründung, das ist es, was Englands Haß und Eifersucht erweckte, was es veranlaßte, seinen ganzen Einfluß gegen Deutschland zu wenden, und was es auch veranlaßte, den wirtschaftlichen Kampf gegen Deutschland schon früher als in diesem Kriege zu beginnen. Drei Faktoren waren es, die Englands Argwohn erregten: die Entwicklung einer deutschen Kolonialpolitik, die Entwicklung einer deutschen Flotte, drittens aber und vor allem die Entwicklung der deutschen Industrie und des deutschen Welthandels.

Unser deutscher Kolonialbesitz sollte an sich, wie man wohl annehmen könnte, keine Veranlassung zur Eifersucht geben. Wir sind erst spät eingetreten in die Kolonialentwicklung der Völker. Alte Tradition wies uns zwar darauf hin; der große Ahnherr Kaiser Wilhelms II., der unserem jetzigen Herrscher innerlich wohl auch am meisten vor Augen schwebt, der Große Kurfürst, hatte versucht, Kolonialpolitik zu treiben, Emden zu einem großen Handelshafen zu machen und die brandenburgisch-preußische Handelsflagge auch in fernen Ozeanen aufzupflanzen. Nur wenig geschichtliche Erinnerung ist uns davon geblieben, die Meeresgeltung hatte man wohl gesehen zu den Zeiten der Hansa und des Stahlhofes in London, in den Niederlassungen der deutschen Handelshäuser in Genua und Venedig. Das alles war später zugrunde gegangen, als mit dem brudermörderischen Dreißigjährigen Krieg Deutschlands Wohlstand dahinsank. Seitdem war bis in die Mitte des 19. Jahrhunderts der deutsche Handel vor allen Dingen auf die Befriedigung des eigenen Bedarfes im inneren Wirtschaftsgebiet angewiesen. Noch 1850 hatte der ganze auswärtige Handel Deutschlands nur eine Milliarde Mark betragen. Zwar bedeutete der Deutsche Zollverein eine Tat, und die Tage, an denen zuerst die Zollgrenzen in Deutschland fielen, haben der Entwicklung des deutschen Wirtschaftslebens neue Bahnen gewiesen, aber vermessen wäre es wohl erschienen, an eine weltwirtschaftliche Stellung Preußen-Deutschlands damals zu denken. Die Gedanken eines Friedrich List, der mit geradezu prophetischem Seherblick Deutschlands Bestimmung zur Welthandelsmacht erkannte und bis zum Ende seines Lebens den geistigen Wirtschaftskampf

Deutschlands gegen England führen wollte, eilten den Taten seiner Zeit voraus. Wohl weisen die Werke Rheinland-Westfalens den Weg für eine gewisse Emanzipation des inneren Marktes von der englischen Werkstatt der Welt, aber auch wirtschaftlich gilt zunächst Dingelstedts entsagendes Wort: „Uneins zu Haus, nach außen klein." Das alles wird anders mit der Gründung des Reiches und den dadurch geweckten Kräften. Auch Bismarck sah Deutschlands Bestimmung vor allem in seiner kontinentalen Macht und sprach sich noch 1871 scharf gegen den Erwerb von Kolonien aus. Trotzdem zeigt die Schwenkung, welche die deutsche Wirtschaftspolitik im Jahre 1879 machte, schon die Anfänge einer Politik, welche bewußt darauf hinarbeitete, der deutschen Industrie die Unabhängigkeit vom Ausland, namentlich aber von England zu schaffen und zugleich den Wettbewerb nach außen aufzunehmen, ohne sich dabei aber einseitig auf exportindustrielle Entwicklung zu stützen, vielmehr unter bewußtem und folgerichtig durchgeführtem Schutz der landwirtschaftlichen Entwicklung. Als deutscher Unternehmungsgeist in Südwestafrika vordringt, hält Bismarck seine schützende starke Hand über Lüderitz und Dr. Carl Peters, trotz Gladstones sauertöpfender freundnachbarlicher Abmahnung, und schafft uns damit Deutsch-Ostafrika und Deutsch-Südwestafrika.

Die weitere Entwicklung unserer kolonialen Unternehmungen ist bekannt. Zusammenhanglos war unser afrikanischer Besitz, vier Gebiete, nicht verbunden, jedes eine andere Eigenart, dazu der wenig wertvolle Besitz im Südseearchipel, lediglich in den Samoainseln die Gewähr einer gewissen Entwicklung in sich bergend, und hierzu noch der Platz an der ostasiatischen Sonne, Kiautschou, das uns Fürst Bülow erwarb. Über 20 Jahre hindurch ist die Entwicklung der deutschen Kolonien auch wirtschaftlich eine ziemlich sterile gewesen. Erst die Dernburgsche Ära hat dem deutschen Volke den Kolonialgedanken nähergebracht und vor allen Dingen auf die wichtige wirtschaftliche Bedeutung der deutschen Kolonien, vor allem hinsichtlich der mangelhaften deutschen Rohstoffversorgung, hingewiesen. Ein frischer Zug ging seitdem durch unsere koloniale Entwicklung, namentlich auch in ihrer Erschließung durch Eisenbahnen, und die zielbewußte Arbeit unserer Kolonialpolitik kommt in den 682 Millionen des Gesamthandels unserer Kolonien im Jahre 1913 zum Ausdruck. Nur ein kleiner Prozentsatz des deutschen Welthandels war es, was der Handel der Kolonien mit Deutschland ausmachte, nur wenig Stützpunkte für die Fundierung der deutschen Ausfuhr, für die Versorgung mit den unentbehrlichen Rohstoffen, nur geringe Absatzgebiete für die deutsche Industrie, von der immer größere Arbeitermassen abhängig wurden. Dabei ohne Schutz einer starken deutschen Flotte, nur mit einem allerdings jährlich sich verringernden Zuschuß aus dem deutschen Staatssäckel zu erhalten, alles in allem kein großer Wert gegenüber dem englischen Kolonialbesitz, mehr Zukunftshoffnungen, deren Erfüllung allen, die fest und mit Freudigkeit an die deutsche Kolonialpolitik glaubten, zwar sicher erschien, die aber keinen Gegenstand des Neides für ein Volk bieten konnten, das in einem Kolonialbesitz von über 30 Millionen Quadratkilometer mit einer Bevölkerung von etwa 400 Millionen Menschen über den größten Kolonialbesitz der Welt gebot.

Trotzdem sahen wir die Geschichte der neuesten Zeit erfüllt von dem heftigsten Widerstreben Englands gegen diesen Besitz und seine Entwicklung. Wenn irgendwo ein Gerücht auftauchte, daß Deutschland eine Kohlenstation oder einen Flottenstützpunkt erwerben oder seinen Kolonialbesitz vergrößern wolle, wurde die öffentliche Meinung in England aufgepeitscht. Wie fanden sich alle die Verbündeten von 1914 schon früher zusammen, wenn Deutschland versuchte, in Marokko festen Fuß zu fassen, oder davon gesprochen wurde, daß bei der Liquidierung des portugiesischen Kolonialbesitzes auch Deutschland entscheidend mitbeteiligt sein müsse, wenn irgendwo von der Erwerbung belgischen Kongogebietes durch Deutschland die Rede war oder der deutsche Botschafter in Konstantinopel darauf hinwies, daß in Kleinasien auch Lebensinteressen des deutschen Volkes zur Frage ständen. Die Konferenz von Algeciras zeigte ebenso wie die letzte Marokkokrisis, daß England gewillt war, jede Weiterentwicklung Deutschlands auf diesem Gebiete als Kriegsfall zu betrachten. Das hörte man heraus aus den Reden englischer Minister, die mit dem Munde die deutsche Flotte in 48 Stunden vernichten wollten; dies trat schon früher in den [illegible]reden englischer Minister zutage, die man sich im Deutschen Reichstag mit Recht verbat.

Nur nach einer Richtung hin konnte man Englands Unwillen verstehen: in bezug auf Ostafrika, das wie ein Keil zwischen dem Nord- und Südafrika Englands lag, das es unmöglich machte, die Bahn Kapstadt-Kairo nur durch englisches Gebiet zu führen. Trotzdem ist der Widerstand Englands seit den ersten Worten Gladstones gegen die deutsche Kolonialpolitik bis in die Gegenwart der deutschen kolonialen Tätigkeit nur zu verstehen unter der Voraussetzung, daß England ein Monopol der Beherrschung der Welt für sich in Anspruch nimmt, daß es diese Beherrschung als von Gott gewollt ansieht und das Herrscherrecht zu haben glaubt.

Die Entwicklung der deutschen Flotte war der zweite Faktor, der England den künftigen Kampf gegen Deutschland als Lebensaufgabe Englands ansehen ließ. Mit dem Auge auf die englische Flotte ist, wie Bülow in seinen Ausführungen zum Kaiser-Jubiläum darlegte, die deutsche Flotte gebaut worden, ebenso aber mit dem Auge auf die deutsche, die englische Flotte. Der Zweimächte-Standard Englands ist unter diesem Gesichtspunkte zu verstehen, die Notwendigkeit, den deutschen Handel durch eine deutsche Flotte stark zu schützen, wurde von England nicht anerkannt, die deutsche

Flotte als Luxus hingestellt gegenüber der englischen, die für England eine Lebensnotwendigkeit sei. Und so wurde mit allen Dreadnoughts, die in Deutschland vom Stapel liefen, Englands Mißwollen verstärkt.

Wie Englands Neid auf jede neben ihm emporkommende Seemacht schon früher eingeschätzt wurde, das läßt sich an Beispielen aus der Geschichte vielfältig beweisen. Wie schon erwähnt, weist Fürst Bülow in seinen Ausführungen über auswärtige Politik darauf hin, daß schon zu Ludwigs XIV. Zeiten von der englischen Regierung ein von Frankreich angebotenes Bündnis, im Hinblick auf die Absicht Frankreichs, sich eine Flotte zu bauen, abgelehnt wurde. Als Friedrich Wilhelm III. nach den Freiheitskriegen in England weilte und ihm der König von England eine kleine Schaluppe zum Geschenk machte, erwiderte König Friedrich Wilhelm III.: „Hoffentlich wird England nicht neidisch werden auf meine Flotte." Eine Anekdote nur, jedoch kennzeichnend für die Auffassung, die man auch zu jener Zeit von Englands Empfindungen hatte. Bedeutsam mit dieser Bezeichnung sind jedoch vor allem die Ausführungen, welche der bekannte Leipziger Nationalökonom Dr. Roscher zu einer Zeit machte, als das Deutsche Reich im Jahre 1881 erst 39 Millionen Mark für seine Flotte (431 Millionen Mark im Jahre 1913) ausgab. In der ersten Auflage seiner „Nationalökonomie des Handels und Gewerbefleißes" sagt er im § 12 über den Handelsstand: „Es ist immer ein verhängnisvoller Wendepunkt, wo die tonangebende Landmacht anfängt, dem ersten Handelsstaate auch zur See gleichzukommen." In einer Anmerkung gibt er in seiner inhaltsvollen Kürze drei weltgeschichtliche Belege für diesen Satz: „Sparta im Peloponnesischen Kriege, Zeit 424, Rom, Zeit Duilius, Frankreich, Zeit Colbert." Wir könnten heute hinzufügen: „Deutschland, Zeit Kaiser Wilhelm II."

Diese Frage des Flottengegensatzes, auf die hier nicht näher eingegangen werden soll, liegt auf politischem Gebiete. Der hauptsächlichste Beweggrund zu Englands Handeln aber war die Entwicklung der deutschen Industrie und des deutschen Welthandels. Statt einer langatmigen Darstellung der Entwicklung des beiderseitigen Anteils am Welthandel seien einzelne Ziffern genannt, die erkennen lassen, wie grundlegend sich auf diesem Gebiete die Verhältnisse seit der Reichsgründung verschoben haben. Die Bevölkerung Englands stieg seit der Reichsgründung von 31,5 auf 45,6 Millionen, die des Deutschen Reiches von 40,9 auf 66 Millionen. Nicht nur die absolute, auch die relative Zunahme der Bevölkerung hat im Deutschen Reiche England weit übertroffen. Im Gegensatz zu England ist es dabei einer verständigen Wirtschaftspolitik in Deutschland gelungen, neben einer mächtig sich entwickelnden Industrie und einem gewaltig anwachsenden Welthandel, sich auch eine starke Landwirtschaft zu erhalten, die, wenn auch ihr relativer Anteil an der gesamten Bevölkerung zurückgegangen ist, es doch verstand, auf den im wesentlichen sich gleichbleibenden Boden eine gewaltige Steigerung der Erzeugung von Körnerfrüchten, allein in den letzten 25 Jahren um über 80 % herbeizuführen und gleichzeitig die Viehhaltung quantitativ und qualitativ in ungewöhnlicher Weise zu verstärken. Die Kaufkraft der deutschen Landwirtschaft, die namentlich durch die letzten Zollverträge gestärkt wurde, war die sichere Unterlage, auf der die deutsche Industrie sich aufbauen konnte. Die Entwicklung war nicht nur auf den Export eingestellt, sondern in denjenigen Jahren, in denen stürmische Schwankungen die Weltkonjunktur niederhielten und manches Land aus dem Gleichgewicht brachten, wurde bei uns dieses Gleichgewicht erhalten. Schon darin lag eine Stärke Deutschlands gegenüber England, die sich beispielsweise auch bei den gewaltigen Konjunkturrückschlägen des Jahres 1907 darin zeigte, daß nach den gleichzeitigen Ermittlungen der englischen und deutschen Gewerkschaften in England die Zahl der Arbeitslosen eine bedeutend größere war als in Deutschland.

Nicht weniger aber ist vor allen Dingen die deutsche Industrie als solche in die Höhe gekommen, seitdem einmal eine verständige, maßvolle Schutzzollbewegung ihr die Möglichkeit technischen Fortschrittes in ausgiebigstem Maße gab (Bergbau, Eisenerzeugung), und seitdem andererseits das innige Bündnis zwischen Wissenschaft, Technik und kaufmännischen Fähigkeiten und einer steigenden Arbeitsintensität auf dem Gebiete der Chemie und der Elektrotechnik geradezu Monopole für Deutschland schuf, während bei vielen anderen Warengattungen die [illegible] des deutschen Fabrikanten in bezug auf dessen Anpassungsfähigkeit an fremde Bedürfnisse, seine Sprachenkenntnisse, seine Reisetätigkeit, die Schaffung stets neuer Muster, seine sorgfältige Ausführung auch kleiner und kleinster Aufträge und sein Grundsatz, den Kunden an sich heranzuziehen, statt auf ihn zu warten, zu jenem gewaltigen Aufschwunge verhalf, der Deutschland auf diesem Gebiete das in konservativen Geschäftsgrundsätzen wandelnde England überholen ließ. Um das Siebenfache ist seit Gründung des Reiches die Erzeugung der Stein- und Braunkohle gewachsen. In Roheisen und Eisenerzen stieg vom Jahre 1885 auf 1912 die Erzeugung um 384,5 % gegenüber einer Steigerung in England um 28,5 %. Noch im Jahre 1900 war die Differenz zwischen der deutschen Stahlerzeugung und der englischen nur etwa 1½ Millionen Tonnen, im Jahre 1912 war diese Differenz auf etwa 11 Millionen Tonnen gestiegen. In absoluten Ziffern gemessen, betrug 1913 die Produktion von Roheisen in Deutschland 19309172 t gegen 10646838 t in England, die Produktion von Stahl 18935000 t gegen 7700000 t in England. Der Kupferverbrauch, ein Grundpfeiler namentlich auch für die elektrotechnische Industrie, stieg in den letzten zehn Jahren um 359 % in Deutschland und 87 % in England. Die elektrotechnische Industrie überragt in ihrer gesamten Erzeugung die englische beinahe um das Dreifache. In der deutschen chemischen Industrie, die in den letzten 25 Jahren die Zahl der Arbeiter mehr als verdoppelt hat, zeigt sich die weltbeherrschende Stellung gerade in diesem Kriege, wo England selbst unter der Nichtzufuhr deutscher chemischer Produkte auf das empfindlichste leidet und mit gewaltigen Arbeiterentlassungen die Tatsache der Nichtversorgung des heimischen Marktes quittieren muß, und die amerikanische Baumwollausfuhr nach Deutschland durchgesetzt wurde, weil Amerika ohne die deutschen chemischen Erzeugnisse seine eigenen Textilwerke nicht aufrechtzuhalten vermochte.

In den Ziffern des deutschen Gesamtaußenhandels kommt diese Steigerung deutlich zum Ausdruck. Noch im Jahre 1887 war England in seinem Export Deutschland um etwa 50 % überlegen (4533 Millionen gegenüber 2937 Millionen Mark). Im Jahre 1912 war diese Differenz auf etwa 10 % gesunken (9943 Millionen Mark auf englischer gegenüber 8956 Millionen Mark auf deutscher Seite). Nehmen wir den gesamten Welthandel, so sehen wir im Spezialhandel der Völker, daß seit 1887 Englands Anteil um 113 %, derjenige der Vereinigten Staaten von Nordamerika um 173 %, der deutsche um 225 % gestiegen ist. Allein in den Jahren 1901–1911 ist die deutsche Ausfuhr von Fabrikaten um 93,2 % gegenüber 62,3 % bei Großbritannien gestiegen. Noch führt England im Welthandel der Völker mit einer Gesamtziffer des Gesamthandels von 24,2 Milliarden Mark, ihm folgt dann an zweiter Stelle mit einem Gesamtaußenhandel von etwa 22,5 Milliarden Mark Deutschland, an dritter Stelle folgen die Vereinigten Staaten mit etwa 17,9, an vierter Stelle Frankreich mit 12,46 Milliarden Mark. Von Einzelheiten sei hier erwähnt die deutsche Maschinenausfuhr, die 1913 678 Millionen Mark wertete gegen 674 Millionen Mark in England, während dieselben Ziffern im Jahre 1900 noch 183 Millionen für Deutschland gegenüber 401 Millionen Mark in England betrugen. In 14 Jahren also für Deutschland eine Steigerung um mehr als das 3½fache, in England nur um mehr als die Hälfte! Denkt man an die Zeit, in welcher Englands Welthandel denjenigen Deutschlands um das Doppelte überragte, und nimmt man an, daß es Deutschland gelungen wäre, diesen relativen Aufschwung aufrechtzuerhalten, den es bisher aufweisen konnte, so konnte man allerdings erwarten, daß eine Zeit kommen würde, welche überhaupt nicht mehr England, sondern Deutschland an der Spitze des Welthandels aller Völker sehen würde.

Die gewaltige Entwicklung, die sich in diesen Ziffern zeigt, tritt auch zutage in der Entwicklung der Handelsmarine. Zwar ist hier Englands Vorsprung ein ganz anderer wie auf dem Gebiet des Welthandels an sich. Noch ist es der große Weltverfrachter, und wenn auch allein in den letzten zehn Jahren der Raumgehalt der deutschen Seeschiffe um 111,4 % stieg gegenüber 39 % bei England, so ist dieses doch in der absoluten Ziffer der deutschen weit überlegen. Von 1416300 Registertonnen stieg in den letzten 20 Jahren der Nettoraumgehalt der deutschen Seeschiffe auf 2994200

Registertonnen, während in der gleichen Zeit der Nettoraumgehalt der englischen Seeschiffe von 8933500 auf 12415800 Registertonnen stieg. Allerdings muß man dem gegenüberhalten, daß der Anteil Englands an der Welthandelsmarine in dem gleichen Zeitraum von 46,8 % auf 42,6 % gesunken ist, während gleichzeitig Deutschlands Anteil von 7,4 auf 10,3 % gestiegen ist. In der amtlichen Denkschrift zur Begründung der deutschen Flottenvorlage ist zuerst, vielleicht damals mit allzu großer Deutlichkeit, auf diese Entwicklung der deutschen Seeinteressen hingewiesen worden. Auch hier sah England Deutschland als Rivalen neben sich, sah, wie Hamburg mit London und Liverpool wetteiferte, mußte vor allem erleben, daß die beiden führenden großen deutschen Schiffahrtsgesellschaften es verstanden hatten, sich eine Führung ohnegleichen auf dem Gebiete des Personen- und Frachtenverkehrs nach den Vereinigten Staaten zu sichern, mußte erleben, wie der „Imperator" und das „Vaterland" vom Stapel liefen und die größten Schiffe der Welt unter deutscher Flagge ihren Weg sich durch die Fluten bahnten.

Vervollständigen wir das Bild, das diese Ziffern geben, noch durch zwei Betrachtungen. Deutschland war einstmals das Land der Auswanderung; politische Unzufriedenheit um die Mitte des vorigen Jahrhunderts hat die einen, wirtschaftliche Not auch noch nach Gründung des Reiches die anderen über die Meere getrieben; bis auf jährlich 275000 Menschen stieg die Zahl derjenigen, die Deutschland verließen, um sich eine neue Heimat jenseits des großen Wassers zu begründen. In Neuyork, in Chicago, in Milwaukee, in Cincinnati ebenso wie in Rio Grande do Sul zeigen sich noch heute die Folgen dieser Auswanderung. Wie anders ist das geworden! Im letzten Jahre haben noch 25000 Deutsche ihr Heimatland verlassen, aber mehr als 12000 sind zurückgekehrt, so daß Deutschland zu den wenigen europäischen Ländern gehört, die fast keine internationalen Auswanderungsverluste zu verzeichnen haben, denen es möglich ist, das, was hineinwächst in ihre Bevölkerung, auch im eigenen Vaterlande zu ernähren; ja die große Zahl ausländischer Wanderarbeiter zeigt, daß selbst diese wachsende Bevölkerung Deutschlands nicht mehr in der Lage war, Deutschlands Bedarf an Arbeitskräften zu decken, welche das Neudeutschland der Gegenwart verlangte.

England muß demgegenüber den großen Bevölkerungsverlust decken, wozu namentlich die Stimmung in Irland beiträgt, das unter englischer Herrschaft zu einem entvölkerten Lande wurde. Dem Wachstum Deutschlands, das seinen Geburtenüberschuß in den letzten Jahren als wirtschaftlichen, militärischen und politischen Machtzuwachs buchen konnte, stehen die 240000 Engländer gegenüber, die in den letzten Jahren durchschnittlich England und Irland verlassen haben.

Im Volkswohlstand beider Länder kommt letzten Endes das Ergebnis zum Ausdruck. Auf den Kopf der Bevölkerung gerechnet, ist England auch heute noch reicher als Deutschland. Seine Steuerpolitik hat bis in die letzten Jahre hinein erlaubt, in viel größerem Maße als in Deutschland die niedrigen Einkommen von der Steuer freizulassen. Nach dem „Economist" wird das Gesamtvermögen Englands auf 285 Milliarden Mark, nach Ballot dasjenige Deutschlands auf 270 Milliarden Mark geschätzt. Wir können heute nach dem Ergebnis des Wehrbeitrages die Überzeugung aussprechen, daß diese Schätzung Ballots zu niedrig gegriffen ist, daß wir weit mehr Steinmann-Bucher glauben können, der Deutschlands Volksvermögen auf 350 Milliarden Mark berechnet. Einen Vergleich geben auch die Sparkasseneinlagen. Im Jahre 1875 kamen auf den Kopf der Bevölkerung gemessen in Deutschland 44 Mark, auf den Kopf in England 42 Mark, im Jahre 1911 in England 103, in Deutschland 272 Mark.

Keine Sprache ist für die Engländer verständlicher als die Sprache der kühlen, nüchternen Ziffern, und auf den Ziffern, die hier genannt sind, beruht Englands Eifersucht und Neid.

England hat schon lange vor dem Krieg die Folgerung aus dieser Entwicklung gezogen. Sein Wirtschaftskrieg gegen Deutschland begann mit jenem 1887 erlassenen Gesetz über die Herkunftsbezeichnungen „Made in Germany", das ein Brandmal sein sollte für deutsche Erzeugnisse, aber zu einem Ehrendenkmal deutscher Qualität wurde. Daß es bewußt gegen Deutschland gerichtet war, bedarf keines weiteren Hinweises, denn Deutschland gehört zu den Hauptversorgern von Großbritannien. Dieses Gesetz war der erste Bruch mit der bis dahin traditionell betriebenen Freihandelspolitik Englands. Wie oft ist uns das Lied dieser englischen Freihandelspolitik nicht gesungen worden! Die guten Deutschen, die so gern das Vorbild im Ausland suchen und die vielleicht ein gewisses Recht hatten, in der Zeit preußischer Reaktion ein englisches Parlament, das seine Vorzüge hatte, anzuerkennen, vergaßen, daß Englands Wirtschaftspolitik nie von einem anderen Gesichtspunkt geleitet worden ist als von demjenigen des rücksichtslosesten Eigennutzes. Professor Harms, dem wir verschiedene hervorragende Darlegungen über England und Deutschland verdanken, hat in einem in der „Deutschen Revue" veröffentlichten Aufsatz über England und Deutschland mit Recht darauf hingewiesen, daß England zunächst durch Jahrhunderte hindurch an einer rücksichtslos gehandhabten Ausschließungspolitik festhielt und erst dann, als es nach dem Niederbruch Frankreichs die unbedingte kommerzielle Übermacht in Europa hatte, seine Grenzen aus dem Grunde öffnete, weil die anderen Völker auf seinem eigenen Markt nicht konkurrieren konnten und weil es die Hoffnung hatte, daß die anderen Staaten dem Beispiel folgen und ihm die Grenzen öffnen würden und ihm dann diese Absatzgebiete schrankenlos offen standen. Diese Hoffnung Englands hat sich als vollständig richtig erwiesen. Es wurde die große Werkstatt der Welt und es konnte sich die unbedingte Herrschaft auf den Märkten der Welt aneignen, solange dieses Freihandelssystem auch von anderen Ländern adoptiert wurde. Die Notwendigkeit von Schutzzöllen für die deutsche Industrie hatte ja zuerst Friedrich List, dessen geradezu grandiose prophetische Voraussage man auch darin wieder bewundern muß, in den Vordergrund seiner Ausführungen gestellt. Als England merkte, daß diese Freihandelspolitik ihm gefährlich wurde, beginnt es mit dem Abbau des Freihandels, und das Gesetz: „Made in Germany" ist der erste Schritt auf diesem Wege. Mit einem freien Wettbewerb aller Völker ist ein Gesetz, welches eine besondere Kennzeichnung bestimmter Waren verlangt, grundsätzlich unvereinbar. Die Nachahmung, welches dieses Vorgehen in Frankreich gefunden hat mit einem Versuch, die Waren durch die Worte: „Importé d'Allemagne" vom französischen Markt zu verdrängen, zeigt ja, aus welchen Erwägungen heraus das Gesetz gekommen ist. Daß es in das Gegenteil des Gewollten umschlug, ist sicherlich weder Englands Absicht noch sein Verdienst gewesen.

In gleicher Richtung bewegt sich die englische Wirtschaftspolitik, die in dem englischen Patentgesetz vom Jahre 1907 zum Ausdruck kommt. Im Abs. 1 des § 27 dieses Gesetzes wird bestimmt, daß jedermann in England den Antrag auf Nichtigkeit eines Patentes stellen kann mit der Begründung, [illegible] wird. Eine solche Nichtigkeitsklage kann also erhoben werden, wenn die Fabrikation im Auslande stattfindet, ja sogar schon, wenn die Herstellung hauptsächlich im Auslande stattfindet. Die Herstellung muß in England geschehen, oder es muß ein triftiger Grund angeführt werden, weshalb das nicht geschehen kann.

Es erhellt von vornherein, daß eine derartige Bestimmung sich namentlich gegen die chemische Industrie Deutschlands und gegen die Vorherrschaft auf dem Gebiete der Erzeugung und des Vertriebes patentierter Artikel richtet. England versuchte diejenigen deutschen Firmen, die bisher auf Grund englischer Patente den englischen Markt beherrschten, zu zwingen, ihren Tribut in der Form zu zahlen, daß sie entweder ihre Patente an Engländer abtreten oder ihre eigenen Fabriken nach England verlegen und so die Löhne für die Erzeugung englischen Arbeitern zugute kommen lassen, ebenso wie ihr Gewinn mehr als bisher in England versteuert werden sollte. Tatsächlich hatte auch gerade bei der chemischen Großindustrie das Gesetz vom Jahre 1907 in dieser Form gewirkt. So haben die Elberfelder Farbenfabriken gemeinsam mit der Aktiengesellschaft für Anilinfabrikation in Berlin eine Filiale in England eingerichtet, um auf diese Weise die bisher in England abgesetzten Waren in England herzustellen und vor der Nichtigkeitserklärung zu schützen. Desgleichen sind die Höchster Farbwerke gezwungen worden, nach England zu gehen.

Man mag vom englischen Standpunkt aus über die Zweckmäßigkeit eines solchen Gesetzes denken, wie man will, mag es als Ausfluß eines starken merkantilistischen Geistes verteidigen, jedenfalls ist niemals der Bruch mit der Freihandelstradition schärfer zum Ausdruck gekommen als in diesem Vorgehen. Hier ist nicht nur die vorhandene Theorie durch eine Schutzzollgesetzgebung aufgehoben, sondern durch eine Prohibitivpolitik ersetzt worden. Das vorliegende Gesetz ist die Aufhebung des freien Wettbewerbs auf dem Gebiete der patentierten Artikel.

Aus demselben Geist ist das Gesetz geboren, welches zwischen der englischen Admiralität und dem englischen Postministerium einerseits und der Cunard-Linie andererseits in bezug auf die Schiffahrtssubventionen geschlossen wurde. In dieser Vereinbarung verspricht die englische Regierung der Cunard-Linie eine Subvention von 3 Millionen Mark jährlich zu zahlen als Zuschuß für die Indienststellung der beiden Dampfer „Mauretania" und „Lusitania", welche die Cunard-Linie nur unter der Bedingung, daß sie diese Subvention erhalte, bauen konnte.

Das blaue Band des Ozeans war England verloren gegangen, als der Norddeutsche-Lloyd-Dampfer „Kaiser Wilhelm II." den Rekord in der Fahrt Bremen-Neuyork geschlagen hatte. Da erfolgte jenes Gesetz im englischen Parlament, durch welches der Cunard-Linie die vorerwähnte Jahressubvention zugesichert wurde fur den Bau zweier Dampfer, welche bestimmt waren, diesen deutschen Rekord zu brechen. Wohlgemerkt, es handelt sich nicht um die Subvention einer notleidenden Linie, es handelt sich auch nicht um eine Schiffahrtstrecke, welche ohne staatliche Subvention etwa keine Erträgnisse brachte, nein, an die bestrentierende Linie des ganzen Weltverkehrs und an eine glänzend fundierte Gesellschaft wird aus allgemeinen Staatsmitteln diese Subvention gezahlt, nur damit Deutschland nicht mehr den Ruhm besäße, die schnellsten Schiffe zu besitzen. Gewiß wäre es unserem Lloyd oder der Hapag auch möglich gewesen, eine „Mauretania" in Dienst zu stellen, wenn man für den riesigen Kohlenverbrauch dieser großen Dampfer ein Staatsopfer von mehreren Millionen jährlich gebracht hätte. Nur würde man in Deutschland eine solche Prestigepolitik auf Staatskosten sowohl im Bundesrat wie im Reichstag abgelehnt haben. Mit vollem Recht hat deshalb Herr Ballin in einer geistvollen Rede auf einer Versammlung des Zentralverbands des deutschen Bank- und Bankiergewerbes am 7. September 1907 darauf hingewiesen, daß nichts so sehr den Niedergang Englands von seiner einstigen Herrschaft kennzeichnet, nichts so charakteristisch sei für den Neid und für die Eifersucht gegen Deutschland, als daß es den früher jahrzehntelang aufrecht erhaltenen Grundsatz des freien Spiels der Kräfte im Welthandel aufgebe, um mit Staatsmitteln eine Stellung aufrecht zu erhalten, die es im privaten Wettbewerb gegenüber Deutschland nicht mehr behaupten könnte. „Es ist noch nicht lange Zeit," so führte Ballin damals wörtlich aus, „daß wir uns einer regen Teilnahme an dem heißen Wettbewerb rühmen können, der sich zwischen den Schiffahrt treibenden Nationen auf dem Weltmeere vollzieht. Herr Professor Thieß erinnerte in einem Vortrag daran, daß im Jahre 1790, als der französischen Nationalversammlung der Titel einer ihr gewidmeten Broschüre verlesen wurde: „Über die Schiffahrt — von einem Deutschen", die ganze Versammlung in schallendes Gelächter ausbrach, so komisch erschien es damals, daß ein „Deutscher" über Schiffahrt mitreden wollte. Das sind 117 Jahre her, eine längst vergangene Zeit! Aber noch im Jahre 1861, als man in Preußen schon eine Kriegsmarine organisierte und die atlantische Schiffahrt schon von Bremen und Hamburg einen lebhaften Aufschwung nahm, da schrieb noch die „Morning Post", das Organ des damaligen Premierministers Lord Palmerston: „Die Deutschen mögen den Boden pflügen, mit den Wolken segeln und Luftschlösser bauen, aber nie, seit Anfang aller Zeiten, hatten sie das Genie, das Weltmeer zu durchqueren oder nur schmale Gewässer zu durchfahren." Das war 1861, und 10 Jahre später hatten wir, von Meisterhand gezimmert, ein einiges Deutsches Reich, und weitere 20 Jahre später, da hatte das junge Deutschland auf dem Gebiete der Weltschiffahrt alle anderen Länder überflügelt und war der großen englischen Schiffahrt gefürchtetster Rivale geworden. Das war ein Erfolg, in heißer Arbeit errungen, und der täglich in heißer Arbeit verteidigt werden muß. Hat doch selbst England, um diesen Erfolg zu schmalern, den alten bewährten Grundsatz vom freien Spiel der Kräfte, dem es seine glänzende wirtschaftliche Entwicklung verdankt, verlassen und die reich vergoldete Hand einer einzelnen Gesellschaft gereicht, nur um sie in die Lage zu setzen, zwei Schiffe zu erbauen, welche die deutschen Schnelldampfer um ein Geringes überbieten sollen."

Am schlagendsten aber tritt dieser Wirtschaftskampf Englands zutage in der Zollbegünstigung gegenüber seinen Kolonien. Der imperialistische Sinn Englands ist einst zum Ausdruck gekommen in der Schaffung des großen englischen Weltreiches und dessen politischer Beherrschung. Mit dieser politischen Beherrschung der Welt war aber für England auch die Gewähr der wirtschaftlichen Monopolstellung verbunden. Politische Herrschaft ist aber auch unzweifelhaft die sicherste Grundlage einer solchen wirtschaftlichen Monopolstellung. Unter nichts hat Deutschland so sehr gelitten als unter der Phrase der „offenen Tür". Die formale Gleichberechtigung in einem von einem Industrie-Exportlande beherrschten Kolonialland wird niemals ein Land in die Lage versetzen, sich die tatsächliche wirtschaftliche Gleichberechtigung gegenüber dem Land zu erringen, das die politische Herrschaft in der Hand hat. Soweit die wirtschaftliche Entwicklung eines Koloniallandes in Betracht kommt, werden Aufträge immer an das Mutterland vergeben werden, und hieran wird auch eine freie Submission nichts ändern, denn der betreffende Gouverneur wird immer in der Lage sein, die zu vergebenden Aufträge seinem Land zu übermitteln. Wir bauen die Bahn in unseren Kolonien auch nicht auf englischen Stahlschienen, und Frankreich denkt nicht daran, die marokkanischen Häfen von deutschen Firmen anlegen zu lassen. So würde also, selbst wenn die völlige formale Gleichberechtigung zwischen England und anderen Nationen tatsächlich bestehen würde, England einen gewaltigen Vorsprung in bezug auf die Versorgung seiner Kolonien vor uns voraus haben. England ist aber weiter gegangen. Während es schamhaft im eigenen Heimatlande noch an der Idee des Freihandels festhält, hat es diese Idee in bezug auf das Verhältnis zu seinen Kolonien längst aufgegeben. Mit Kanada hat es bereits am 1. August 1898, mit Neuseeland 1903, mit Australien 1907, mit der südafrikanischen Union 1903 Verträge geschlossen, welche ihm als dem Mutterlande eine Zollbegünstigung gewähren, die in einzelnen Fällen bis zu 33⅓ % des Zolles ausmachen. Gewiß mag es formell unrichtig sein, wenn man sagt, England hätte derartige Verträge geschlossen, denn formell sind diese Gesetzesvorlagen der Initiative der Kolonien selbst entsprungen und England hat scheinheilig an dieser Phrase festgehalten. Der Zollkrieg zwischen dem Deutschen Reich und Kanada hatte in dieser Zollbegünstigung Englands seine Ursache. Das Deutsche Reich bezog sich darauf, daß ihm in Kanada nach einem schon zwischen England und Preußen geschlossenen Vertrag die unbedingte Meistbegünstigung zustände und diese Meistbegünstigung sich auch auf die englischen Kolonien bezöge. Der Versuch, die Kanadier durch einen Zollkrieg zur Aufgabe ihres Standpunktes zu zwingen, schlug fehl und mußte fehlschlagen, denn er war gegen ein Prinzip gerichtet, das nicht von Ottawa, sondern von London ausgegangen war und die Grundlage derjenigen wirtschaftlich-imperialistischen Bestrebungen bildete, die in Chamberlain den Hauptträger ihrer Ideen sahen und deren Gedanken bis weit in die liberalsten Kreise hinein mehr und mehr Geltung erlangten. Was jenen vorschwebte, das war ein Greater Britain, ein Groß-England, geeinigt durch ein möglichst enges politisches Bündnis, geeinigt aber auch durch ein möglichst enges wirtschaftliches System zwischen den Kolonien und England, gerichtet gegen jeden Wettbewerber, vor allem aber gerichtet gegen Deutschland. Bedurfte es doch erst eines energischen Einspruches der deutschen Regierung, um zu verhindern, daß in die staatlichen Submissionsbestimmungen Australiens der Satz aufgenommen wurde, daß deutsche Waren grundsätzlich von jedem Mitbewerb ausgeschlossen seien, hat das Gesetz „Made in Germany" doch selbst in Indien seine Nachahmung gefunden! Wie weit dieser imperialistische Gedanke Besitz ergriffen hat in der Politik der Staatsminister der englischen Kolonien, davon konnte ich mich überzeugen, als ich vor einigen Jahren in Toronto die Rede des jetzigen

Staatsministers von Kanada, Borden, hörte, die nichts anderes war als der Ausdruck des Bekenntnisses einer völlig politischen und wirtschaftlichen Zugehörigkeit zu England — eine Rede, in der damals schon die Drohung enthalten war, daß jedem Feind, der sich dem Mutterlande nahen würde, nicht nur englische, sondern auch kanadische Dreadnoughts entgegengesandt würden. Ich habe damals in der Presse auf diese Stimmung in Kanada hingewiesen, die jetzige Haltung Kanadas beweist, daß die damalige Rede Bordens, der gerade aus London kam und über seine Eindrücke in England berichtete, nicht einer Augenblicksstimmung entsprang, sondern der Ausdruck einer festbegründeten politischen und wirtschaftspolitischen Überzeugung war.

Wie bedeutend diese schutzzöllnerische Gesetzgebung in den Kolonien, wie bedeutend überhaupt der Kolonialbesitz Englands für seine wirtschaftliche Machtstellung ist, dafür liefern uns die Ziffern des englischen Außenhandels einen schlagenden Beweis. Wenn wir den englischen Außenhandel mit dem deutschen vergleichen, so sehen wir eine englische Ausfuhr von 9943 Millionen Mark im Jahre 1912 und eine deutsche Ausfuhr von 8956 Millionen Mark im gleichen Jahre. England ist uns also auf diesem Gebiete um nur 1000 Millionen Mark überlegen. Gliedern wir aber diese Ausfuhr, betrachten wir den Wettbewerb der beiden Länder einmal in denjenigen Ländern, in denen sie unter gleichen Bedingungen, d. h. unter gleicher Zollbehandlung kämpfen, und scheiden wir daher die Länder aus, in [illegible] Staaten besteht. Wir müssen dann von dem englischen Außenhandel abziehen die Ausfuhr nach den englischen Kolonien, von dem deutschen Außenhandel die Ausfuhr nach den deutschen Kolonien, wo ähnliche Deutschland begünstigende Verhältnisse in der politischen Vorherrschaft, wenn auch nicht in wirtschaftlicher Vorzugsbehandlung, bestehen.

Nach den englischen Kolonien hat England 1912 insgesamt für 191,5 Millionen (= 3830 Millionen Mark) ausgeführt, wovon auf Indien 65,679 Millionen, auf Kanada 27,3 Millionen, auf Neuseeland 11,1 Millionen, auf Südwestafrika 23,1 Millionen entfallen.

Nach denselben englischen Kolonien betrug die deutsche Ausfuhr 1912 348,9 Millionen Mark. Wir sehen also, daß, während England in seiner Gesamtausfuhr Deutschland etwa wie 10:9 steht, das Verhältnis in der Ausfuhr nach englischen Kolonien wie 11:1 ist. Derartig machen sich die politischen und wirtschaftlichen Einflüsse Englands uns gegenüber geltend.

Noch stärker tritt übrigens der Gesichtspunkt der Beherrschung der Kolonien durch das Mutterland zutage, wenn wir denselben Vergleich auf das Verhältnis zwischen Frankreich und Deutschland ausdehnen. Die deutsche Ausfuhr überhaupt beträgt 10,8 Milliarden, die französische 5,3

Milliarden. Nach den französischen Kolonien aber führte Frankreich im Jahre 1913 für 906,5 Millionen Franken, Deutschland aber nur für etwa 15 Millionen Mark aus. Das Gebiet, in dem die Flagge eines fremden Landes weht, ist also für unseren Außenhandel verschlossenes Gebiet oder doch solches, wo wir unter den größten Widerständen einen kleinen Teil des Bedarfs decken können.

Ziehen wir nun von dem englischen Außenhandel die Ziffer der Ausfuhr nach den englischen Kolonien, von dem deutschen Außenhandel die Ziffer der Ausfuhr nach den deutschen Kolonien ab, so erhalten wir folgendes Bild:

Englische Gesamtausfuhr 1912	9943	Millionen	Mark
Davon nach den Kolonien und Protektoraten	3830	„	„
Ausfuhr in Gebiete freien Wettbewerbs	6113	„	„
Deutsches Reich Gesamtausfuhr 1912	8956	„	„
Davon nach deutschen Kolonien	51	„	„
Ausfuhr in Gebiete freien Wettbewerbs	8905	„	„

Daraus folgt, daß in denjenigen Teilen der Welt, wo wir mit England unter gleichen Bedingungen konkurrieren, die englische Ausfuhr insgesamt 6113 Millionen Mark, die deutsche Ausfuhr aber 8905 Millionen Mark beträgt, daß also Deutschland England in der Ausfuhr längst schon überholt hätte, wenn nicht Englands Kolonialbesitz die unbedingte Fundierung für die englische Industrie und den englischen Handel abgeben würde, eine Tatsache, die zu denken gibt, wenn nach dem Kriege die Frage der Vergrößerung des deutschen Kolonialbesitzes erörtert werden wird.

Erst unter diesen Gesichtspunkten versteht man Englands Kampf gegen eine weitere koloniale Betätigung des Deutschen Reiches, versteht man weiter auch die imperialistischen Ideen Chamberlains. Sie sind der Ausdruck eines gegen Deutschland gerichteten Wirtschaftskampfes. Bereits im September 1897 schreibt Sir Alfred Mond in der „Saturday Review" wörtlich: „Wenn Deutschland morgen vernichtet wäre, so gäbe es in der Welt nicht einen Engländer, der übermorgen nicht um so reicher wäre. Völker haben jahrelang um eine Stadt, um ein Erbfolgerecht gekämpft. Müßten wir nicht um 250000000 £ jährlichen Handels Krieg führen? Wenn England einst erwacht und sieht, was seine einzige Hoffnung für eine gedeihliche Zukunft ist, dann nieder mit Deutschland." Das ist der Geist, der von dem Herstellungsgesetz zu den Schiffahrtssubventionen, zum Patentgesetz, zur Vorzugsstellung Englands gegenüber seinen Kolonien, zu dem Tage führte, wo England die Völker der Erde in Sold nahm, um Deutschlands wirtschaftliche Macht gewaltsam zu brechen, nachdem es mit allen anderen Mitteln nicht gelungen war, Deutschland von der zweiten Stelle der Weltwirtschaft zurückzudrängen.

Unter dem Gesichtspunkt dieses Kampfes gegen Deutschlands wirtschaftliche Stellung sind neben der Entfesselung des Weltkrieges selbst diejenigen Maßnahmen mit zu buchen, die England gegen Deutschland in dem jetzigen Weltkrieg ergriffen hat, um es wirtschaftlich auf die Knie zu zwingen. Mehrere Gesichtspunkte kamen für England nach dieser Richtung in Frage, einmal die Abschneidung Deutschlands von der Nordsee, um die Lebensmittelzufuhr und damit die Ernährung der deutschen Bevölkerung in Frage zu stellen, zweitens die völlige Unterbindung der deutschen Ausfuhr nach neutralen Ländern, soweit diese Ausfuhr durch England kontrolliert werden konnte, drittens die Vernichtung der deutschen Handelsflotte, viertens die Vernichtung seiner Guthaben im feindlichen Ausland, vor allen Dingen in England selbst, fünftens die Eroberung der deutschen Absatzmärkte während der Zeit der Ausschließung Deutschlands vom Weltverkehr, schließlich die Unterbindung aller Zufuhr von Rohstoffen zur völligen Lahmlegung der deutschen Industrie.

Wenn man diese Maßnahmen übersieht, wird man feststellen müssen, daß sie teilweise völlig wirkungslos geblieben sind, teilweise den erhofften Erfolg nicht gehabt haben. Zunächst ist die Lebensmittelversorgung Deutschlands nach menschlichem Ermessen, wenn auch unter Einschränkung des Verbrauchs, sichergestellt. Die deutsche Wirtschaftspolitik hat uns in die Lage gesetzt, den größten Teil des deutschen Bedarfes selbst zu erzeugen. Bis August dieses Jahres ist Deutschland mit Lebensmitteln derart versorgt, daß jede Hoffnung des Feindes, eine Schwächung Deutschlands durch den Mangel an Lebensmitteln herbeizuführen, als gescheitert anzusehen ist. Daß wir den Krieg nicht im eigenen Lande haben, sondern daß unsere Truppen verstanden haben, denselben in Feindesland hineinzutragen, so daß das deutsche Heer zum großen Teil durch Requirierung im fremden Lande leben konnte, hat selbstverständlich mit dazu beigetragen. Hat doch erst kürzlich der Berichterstatter einer neutralen Macht das glänzendste Zeugnis deutscher Organisationstätigkeit darin erblickt, daß es den deutschen Militärbehörden in Frankreich gelungen wäre, die Versorgung der deutschen Armee mit Lebensmitteln ohne Zufuhren aus Deutschland selbst durchzuführen!

In bezug auf die Unterbindung unserer Ausfuhr nach dem neutralen Ausland ist es England gelungen, einen teilweisen Erfolg zu erzielen. Die Schiffe der Hapag und des Lloyd sind entweder in die Kriegsflotte eingereiht oder liegen in neutralen Häfen, ein Handel unter deutscher Flagge ist bei der gegenwärtig noch vorhandenen Beherrschung der See durch England nur in geringem Maße möglich. Andererseits hat sich aber bereits gezeigt, daß die völlige Unterbindung des deutschen Außenhandels sich nicht hat bewerkstelligen lassen. Einmal kommt für den deutschen Außenhandel das Gebiet des verbündeten Österreich, ferner das Gebiet der neutralen Staaten, Schweiz, Italien, die Balkanländer und die Türkei in Betracht, soweit nicht die Sorge um die eigene Volkswirtschaft Ausfuhrverbote als notwendig erscheinen ließ. Weiterhin sind aber diejenigen Waren, die nicht Kriegskonterbande sind, zum Teil auf neutralen Schiffen in das Ausland befördert worden. Hat es doch, worauf schon hingewiesen, beispielsweise durchgesetzt werden können, daß ohne Schwierigkeiten die Ausfuhr chemischer Produkte nach Amerika unter amerikanischer Flagge und unter dem Schutz der politischen Macht der Vereinigten Staaten erfolgt. Damit ist nicht nur für Deutschland die Möglichkeit der Ausfuhr seiner Chemikalien gegeben, sondern es ist gleichfalls dafür eingetauscht worden die Zusage der Vereinigten Staaten, daß Baumwolle nicht Konterbande sei, und nach der Erklärung des amerikanischen Botschafters Gerard ist die von den Vereinigten Staaten festgesetzte Ausfuhr amerikanischer Baumwolle nach Deutschland in Höhe von 50000 Ballen pro Monat bestimmt worden, und bis zum 31. Dezember 1914 sind bereits in Bremen 48617, in Rotterdam 69900 Ballen amerikanischer Baumwolle angekommen. Gewiß werden sich noch Schwierigkeiten in bezug auf die Heranschaffung anderer Rohstoffe bemerkbar machen, andererseits sind wir aber zum Teil dadurch dieser Schwierigkeiten enthoben worden, daß uns durch die Eroberung Belgiens und die besetzten französischen Gebiete die gewaltigen dortigen Rohstoffbestände in den Schoß gefallen sind, beträgt doch das besetzte französische Gebiet, industriell berechnet, 40 % der gesamten in Frankreich arbeitenden Maschinenkräfte. Bereits heute nach einem beinahe einhalbjährigen Kriege sehen wir, daß es uns gelungen ist, die Rohstoffversorgung Deutschlands annähernd sicherzustellen und die Überzeugung unserer verantwortlichen Stellen ist, daß dies auch während der ganzen Dauer des Krieges der Fall sein wird.

Ebensowenig ist es England gelungen, die deutsche Handelsflotte zu vernichten. Wäre es vom ersten Tage an auf die Seite unserer Gegner getreten, vielleicht hätte es große Erfolge nach dieser Richtung hin erreichen können. So aber versuchte es in seiner alten Heuchelei den Anschein des Friedensvermittlers zu erwecken, verhandelte über Belgiens Neutralität, die ihm innerlich ganz gleichgültig war, um dann als das moralische Gewissen der Welt in die Arena zu treten. Herr Ballin wußte, weshalb er die „Vaterland" von Neuyork nicht abfahren ließ, weshalb der „Imperator" im Hafen von Hamburg liegen blieb. Wir wissen nicht, wie groß die Verluste sind, die England unserer Handelsflotte zugefügt hat, wohl aber wissen wir, wie groß der Inhalt derjenigen Schiffe ist, welche die „Emden" aufgebracht hat, welche die „Karlsruhe" zum Sinken brachte und welche durch andere Hilfskreuzer Deutschlands vernichtet wurden. Auf 1,9 % der englischen Handelsflotte hat man im englischen Parlament Ende 1914 die Verluste der englischen Handelsflotte angegeben, sicherlich wird man dabei nicht zuviel gerechnet haben. Legen wir aber selbst diese englische Berechnung zugrunde, so wurde sich doch daraus allein ein Verlust von englischen Schiffen in Höhe von etwa 250000 t ergeben. Im August 1914 sanken sieben britische Dampfer mit 35742 t, im September 15 Dampfer mit 61055 t, im Oktober 22 Dampfer mit 89591 t. Vivant sequentes! Seit dem 18. Februar 1915 ist Deutschland auf den Weg getreten, den der Staatssekretär von Tirpitz in der Unterredung mit dem Vertreter der United Press gewiesen und durch die Vernichtung des „Bulwark" durchzuführen bereits begonnen hat, die feindlichen Handelsschiffe durch seine Unterseeboote zu vernichten. Erfüllen sich die auf diese Aktion gesetzten Hoffnungen, dann wird am Ende des Krieges voraussichtlich auf Englands Seite der größere Verlust zu buchen sein. Deutschlands Handelsflotte hat große Einbuße erlitten, aber daß sie groß auch nach dem Kriege dastehen wird, und daß nach dem Kriege die größten Schiffe der Welt nach wie vor unter deutscher Flagge fahren werden, liegt nach dem ganzen Stand der Dinge klar zutage.

Das meiste aber haben sich die Engländer von einem rücksichtslosen Vorgehen gegen die deutschen wirtschaftlichen Interessen versprochen. In England war kurz nach dem Ausbruch des Krieges eine Verordnung in Kraft getreten, wodurch der Handel mit dem Feinde verboten wurde. Keine Geldsumme durfte an den Feind oder an feindliche Gesellschaften gezahlt werden, keine Vergleiche geschlossen, keine Sicherheit für die Zahlung einer Schuld gegeben, keine Handlung zu seinen Gunsten, wie Trassieren, Akzeptieren usw. begangen werden. Lebens- oder andere Versicherungen mit oder zu Gunsten des Feindes konnten nicht abgeschlossen werden, die Zufuhr von Waren oder der Bezug von Waren war ausgeschlossen. Bestimmungen über die völlige oder teilweise Beseitigung von Patenten und Marken, die für Deutschland geschützt waren, wurden getroffen. Die deutschen Unternehmungen in England wurden unter staatliche Aufsicht gestellt und teilweise in gehässiger Weise liquidiert.

England hat weiter Maßnahmen getroffen, um nicht nur die deutschen Unternehmungen in England lahmzulegen, sondern auch alle englischen Betriebe, in denen Deutsche beschäftigt waren, zur Entlassung derselben gezwungen. Es hat die englischen Firmen von den Vertragsverpflichtungen gegen Deutschland entbunden, es hat die Hausbesitzer entbunden von der Verpflichtung der Einhaltung der Mietsverträge, und es hat vom ersten Augenblick an den wirtschaftlichen Krieg gegen Deutschland auf eigenem Grund und Boden in unfairer Weise geführt.

Deutschland ist mit Gegenmaßregeln gegen England erst vorgegangen, als die öffentliche Meinung dies gebieterisch verlangte. Inwieweit die deutschen Interessen durch das Vorgehen Englands geschädigt sind, läßt sich bis heute noch nicht übersehen, unzweifelhaft ist eine Schädigung der deutschen Volkswirtschaft dadurch herbeigeführt worden, daß Forderungen an England uneinbringlich sind, daß somit deutsche Unternehmungen, die Geschäfte mit England treiben, heute über Außenstände verfügen, deren Einbringung derzeit unmöglich ist. Ebenso sind unzweifelhaft alle diejenigen Unternehmungen geschädigt, welche in England domizilieren, und es dürfte keinem Zweifel unterliegen, daß die Zahl der deutschen Gesellschaften in England ebenso wie die Zahl der in England lebenden Deutschen weit größer ist als die der in Deutschland lebenden Engländer oder der englischen Unternehmungen in Deutschland.

Schon heute zeigt sich aber, daß Deutschland die Folgen dieser Maßnahmen überwunden hat, und zwar überwunden durch die Kreditorganisationen, die es sich bei Beginn des Krieges schuf und die unter anderen in den begründeten Kriegskreditbanken Unternehmungen entstehen ließen, welche deutsche Forderungen gegen England als Unterlage für einen zu gewährenden Kredit annehmen und damit die englischen Maßnahmen zum Teil illusorisch machen. Bedauerlich ist es, daß in manchen Fällen die Gegenmaßnahmen Deutschlands deshalb unwirksam bleiben mußten, weil die deutscherseits bestellten Staatskommissare sich mit einer allzugroßen Anpassungsfähigkeit nicht als Vertreter der deutschen Interessen, sondern als Vertreter der ihnen unterstellten Gesellschaften fühlten. Bedauerlich war ebenso die Bereitwilligkeit, manche englische Gesellschaften in deutsche umzuwandeln, anstatt die Engländer, um ein Wort Bismarcks anläßlich der Belagerung von Paris zu gebrauchen, „in ihrem eigenen Fett schmoren zu lassen". Wenn zeitweise deutsche Staatskommissare auftraten, um die Forderungen englischer Niederlassungen gegen deutsche Firmen einzutreiben, und wenn deutsche Gerichte gar die von einer deutschen Firma erbetene Frist von drei Monaten zur Bezahlung der Schuld nicht genehmigten, und wenn bis heute nicht Vorsorge getroffen ist, daß man mindestens solche Forderungen mit Forderungen an England zahlen kann, so zeigt das eine bedenkliche Lücke in unseren Gegenmaßregeln, die ebenso unbedingt ausgefüllt werden muß, wie für einen Ausgleich zwischen deutschen Gläubigern und Schuldnern gegenüber England Sorge zu tragen ist. Englands Ausfuhr nach Deutschland betrug im Jahre 1913 (nach der deutschen Handelsstatistik) 876,1 Millionen Mark, die Einfuhr deutscher Waren nach England 1438 Millionen Mark, die Ausfuhr Englands und seiner Kolonien nach Deutschland betrug jedoch im Jahre 1913 2090 Millionen Mark, die Einfuhr deutscher Waren dahin 1849 Millionen Mark. Nimmt man diese Zahlen als Grundlage, so wird man immerhin erkennen, daß durch die gegenseitig getroffenen Maßnahmen doch auch die englischen Gläubiger Deutschlands mitbetroffen sind, so daß sich auch hier deutsche Forderungen zum Teil ausgleichen dürften.

Völlig versagt hat aber schließlich die Hoffnung Englands, sich während der Zeit des Krieges gewissermaßen die Kundschaft Deutschlands — nebenbei vielleicht, wie bekannt gewordene englische Offerten nach Südamerika zeigen, auch die des mit ihm verbündeten Frankreich — anzueignen und Deutschland vom Weltmarkt zu verdrängen. Wenn man die Grundlagen der deutschen Beherrschung des Weltmarktes sich vor Augen hält, so muß man sich von vornherein sagen, daß eine Vernichtung des deutschen Handels gar nicht möglich ist. Die Eigenschaften, welche dem Deutschen trotz mancher Ungunst seine Stellung im Welthandel erobert hat, lassen sich nicht in wenigen Monaten adoptieren. Wenn man in London unter Vorsitz Lord Haldanes das Problem studieren will, wie man den Vorsprung Deutschlands auf dem Gebiete der chemischen Industrie wettmachen könne, wenn man Ausstellungen von deutschen Waren veranstaltet, um die englische Industrie zur Nachahmung zu veranlassen, so vergißt man, daß man den Vorsprung deutscher Wissenschaft nicht durch Konferenzen einholen kann, und daß man weiter gegen die ganze konservative Natur des englischen Volkes ankämpfen müßte, wenn man es mit den Eigenschaften ausstatten will, die dem deutschen Volk den Vorsprung geschaffen haben. Für die mit so großem Lärm angekündigte Gründung einer Anilinfarbenfabrik mit 60 Millionen Mark Kapital fehlen die [illegible], weil, wie aus dem [illegible] der Handelskammer in [illegible] und des Economist sich ergab, man sich dessen bewußt ist, daß mit Kapital allein ein auf deutscher Wissenschaftlichkeit beruhender Vorsprung nicht einzuholen ist. Ebenso dürfte die in Aussicht genommene Übertragung der Leipziger Messe nach London oder Birmingham ein frommer Wunsch bleiben. Leipzigs Weltstellung als Handelsplatz ist durch jahrhundertelange Tradition ebenso begründet wie durch Deutschlands Stellung auf dem Weltmarkt, während Londons Markt beispielsweise in bezug auf seine Stellung für die Weltnotierung vieler Metalle (Rohzink, Blei) sich nur auf die Tradition berufen kann, während es in der Produktion hinter den Vereinigten Staaten von Amerika und Deutschland steht. Auch die angekündigte Entsendung von Handelssachverständigen nach Deutschland und Österreich-Ungarn, sowie die Veranstaltung von Ausstellungen deutscher Erzeugnisse zum Zwecke der Nachahmung durch englische Firmen, wie es in Birmingham geschah, dürfte vergeblich sein. Was den Engländern in bezug auf den Welthandel in Jahrzehnten nicht gelungen ist, wird ihnen jetzt auch nicht gelingen. Zudem darf England nicht vergessen, daß ein Weltkrieg wie der jetzige auch alle Völker der Welt in Mitleidenschaft zieht, so daß nirgends eine starke Kaufkraft vorhanden ist, Neuinvestierungen von Kapital, Vergrößerung von Unternehmungen werden nicht vorgenommen werden, solange der Weltkrieg tobt. So wie mit einem Schlag alle Börsen der

Welt ihre Tätigkeit einstellten, weil der Pulsschlag des Wirtschaftslebens stockte, so wird dies auch während der ganzen Kriegsdauer bleiben. Es kann sein, daß Deutschland nach Beendigung des Krieges vielleicht in den feindlichen Ländern zu leiden hat unter einer gewissen Boykottstimmung, die aus dem namentlich durch die Beherrschung des Nachrichtendienstes durch England genährten Haß hervorgeht, daß sich aber in den neutralen Ländern, namentlich nachdem sich die Wahrheit über den Krieg mehr und mehr durchsetzt, die Nachfrage nach deutschen Waren in demselben Maße geltend machen wird wie bisher. Aus Liebe für uns hat uns noch niemand etwas abgekauft, die Völker haben uns das abgekauft, was sie mit demselben Preis und in derselben Qualität woanders nicht erhalten konnten. Das war bisher so, das wird auch in Zukunft so bleiben.

Andererseits leidet neben dem deutschen Außenhandel schon jetzt der englische ganz gewaltig. In den ersten drei Monaten nach Ausbruch des Krieges ist Englands Außenhandel um mehr als zwei Milliarden zurückgegangen, bis zum 31. Dezember hat sich diese Verminderung bis auf 3½ Milliarden Mark, davon 1816 Millionen Mark in der Ausfuhr gesteigert! Neben dem Ausfall des 2-Milliarden-Konsums Deutschlands aus England und seinen Kolonien und der geminderten Kaufkraft der neutralen Länder tritt vor allen Dingen zutage, daß die Wirkungen des Krieges sich in den mit England verbündeten Ländern weit mehr zeigt als irgendwo in der Welt. Ein nicht unbeträchtlicher Teil von Frankreich ist in deutschem Besitz, und ganz Belgien ist ebenfalls von den Deutschen besetzt, die gesamte englische Ausfuhr nach Belgien und Nordfrankreich sowie nach den übrigen besetzten Gebieten ist damit erledigt. Aber auch das übrige Frankreich, dessen Rentner jetzt ihre Zinszahlung auf russische Papiere aus französischen Taschen erhalten, ist nicht mehr in der Lage, große Warenabschlüsse mit England zu machen. Das gleiche gilt auch von Rußland. Die Ziffer der Verringerung des englischen Welthandels zeigt bereits mit Sicherheit, daß England sich auf abschüssiger Bahn befindet und daß seine Hoffnung auf Erringung des Weltmarktes sich nach dieser Richtung nicht erfüllen wird. Andererseits spürt England, das uns aushungern wollte, die Preissteigerung aller Lebensmittel in seinem Innern, dazu steigen die Frachtraten, namentlich seit der Unterseebootsblockade, ins Ungemessene, und schon erwägt man auch in England die Festsetzung von Höchstpreisen. Dazu tritt Rohstoffmangel in Zink, Indigo, Chemikalien und anderen Stoffen. Daher jetzt die maßlose Brutalität, mit der eine maßgebende englische Fachzeitschrift empfiehlt, daß die verbündeten Heere, sobald sie nach dem Rheinland vorgedrungen sind, alle industriellen Unternehmungen Deutschlands derartig zerstören sollten, daß an einen Wiederaufbau derselben überhaupt nicht gedacht werden könne. Ein Zeichen dafür, wie weit der wirtschaftliche Neid in England die Triebfeder dieses Weltkrieges ist! — und ein freundlicher Wunsch, dem zur Erfüllung nur das eine fehlt, daß die verbündeten Heere auf deutschem

Boden ständen und nicht die Deutschen auf französischem. Die weiteren Hoffnungen, Deutschland durch den Krieg selbst volkswirtschaftlich zu schaden, sind völlig zuschanden geworden. Jeder von uns, der das stark pulsierende Leben in Deutschland seit Ausbruch des Krieges miterlebt hat, wird sich davon überzeugt haben. Die Arbeitslosigkeit ist dauernd zurückgegangen. Manche große Bezirke, und zwar nicht nur die Werkstätten von Krupp und die Werften in Wilhelmshaven, sondern auch Industriebezirke wie Chemnitz, die zunächst unter dem Krieg litten, arbeiten in angestrengtester Tätigkeit. Die Milliardenaufträge der Militärlieferungen sind, wenn auch nicht immer in die richtigen Hände, so doch in ihrer Gesamtheit der deutschen Volkswirtschaft zugute gekommen.

Unsere gesamte Ausfuhr betrug 1913 etwas über 10 Milliarden Mark, schon heute aber sind 10 Milliarden Mark für den Krieg bewilligt, die in Aufträgen an die deutsche Industrie und die deutsche Landwirtschaft wieder zum Ausdruck kommen, so daß die Ausfälle des Außenhandels durch die Kriegslieferungen mehr als ausgeglichen sind. Mögen die Staatsschulden des Reiches dadurch wachsen, die deutsche Volkswirtschaft verliert nicht einen Pfennig von dieser gewaltigen Summe, denn das Ausland ist an Militärlieferungen nur in ganz geringem Maße beteiligt. Die vielen Millionen Mark an Gehältern und Löhnen, die Summen, die von den deutschen Truppen in die Heimat zurückgeschickt werden, haben zusammen mit den staatlichen Unterstützungen die Kaufkraft der Bevölkerung fast ungeschwächt erhalten, und wer das Leben und Treiben in den Weihnachtstagen in den deutschen Großstädten sah, der konnte einen Unterschied zwischen den Dezembertagen 1914 und denen von 1913 fast überhaupt nicht finden.

Wie stark die finanzielle Position Deutschlands ist, zeigt der glänzende Erfolg der Kriegsanleihe, zeigt der fortgesetzt gesteigerte Goldbestand der Reichsbank, der Ende Februar 1915 um 1 Milliarde höher war als zu Beginn des Krieges, zeigt die Herabsetzung des Reichsbankdiskonts um 1 % am Ende des Jahres. Wie sehr auf der anderen Seite England gelitten hat, das geht aus den verschiedensten Momenten hervor. Deutschland war Groß-Englands großer Abnehmer mit 2090 Millionen Mark. Frankreich, Rußland und Belgien haben insgesamt 1576,58 Millionen Mark sonst aus England allein bezogen, auch diese Ausfuhr dürfte, wie vorher ausgeführt, zum großen Teil verloren sein. Die ganze Textilindustrie leidet unter der Nichtzufuhr deutscher Chemikalien ebenso wie unter dem Ausbleiben pharmazeutischer Mittel, und von seinen Spindeln feiern etwa die Hälfte. Die äußerlich glänzende finanzielle Position der Bank von England wird, wie Rießer ausführt, auf den richtigen Stand zurückgeführt, wenn man bedenkt, daß die Erhöhung des Goldbestandes nicht etwa zu Stande gekommen ist durch den englischen Markt, sondern durch Überführung der Bestände der

Nationalbank in Brüssel sowie der Bank von Frankreich in Paris. Der Umstand, daß England gezwungen war, ein Moratorium einzuführen, das Deutschland vermeiden konnte, der Umstand weiter, daß am 2. August der Diskont der Bank von England auf 10 % erhöht werden mußte, daß die Golddeckung der Noten der Bank von England bis auf 15,8 % sank, zeigt am besten, wie ungeheuerlich der Gedanke des Kriegs mit Deutschland den englischen finanziellen Markt in Anspruch genommen hat. Die einzelnen finanziellen Transaktionen Englands in bezug auf die Unterstützung seiner Verbündeten durch Vorschüsse, in bezug auf Deckung der englischen Anleihe durch Vorschüsse der Bank von England hat Rießer in seinem Buch „England und wir" im einzelnen dargelegt, so daß sich ein näheres Eingehen an dieser Stelle erübrigt. Schon heute aber sei das eine gesagt, daß ebenso wie die ohne Grundlage festgehaltene Tradition von Englands unüberwindlicher Flotte durch die Taten deutscher Kreuzer zerstört worden ist, so auch die herrschende Stellung der Bank von England zerstört worden ist und ebenso der Glaube an die Unerschütterlichkeit des englischen Wirtschaftslebens. Schon steht Neuyork bereit da, um die Erbschaft zu übernehmen; die „Times" selbst muß neutrale Länder, welche Kapital suchen, auf den amerikanischen Markt verweisen, und die amerikanische Zeitschrift „The Commercial and Financial Chronicle" attestiert den englischen Freunden, „daß England wegen einer ganzen Reihe durch den Krieg hervorgerufener Vorgänge sein Ansehen und seine finanzielle Kraft verloren hat". Wie die Verhältnisse in Deutschland selbst auf England wirken, zeigt der Bericht, den die „Daily Mail" unter dem Titel „Deutschland von innen gesehen" von einem nach Deutschland entsandten, wahrscheinlich amerikanischen Berichterstatter schreiben läßt, und der als Ergebnis seiner wochenlangen Beobachtungen die Stimmung in Deutschland wie folgt niederschreibt: „Deutschland zeigt das Bild eines großen Landes, geeint, wie es niemals früher in seiner Geschichte gewesen ist, voll von Siegeszuversicht, weil es entschlossen ist zu siegen und dafür organisiert ist, mit ungeheuren und, wie es glaubt, unerschöpflichen Hilfsquellen von Menschen und Rüstungsvorräten, nicht erschüttert durch schwere Verluste, nicht geschreckt und, abgesehen von wenigen Fällen, auch fast nicht betroffen von dem wirtschaftlichen Druck der britischen Seeherrschaft. Beherrscht von einem verzehrenden Haß gegen England, alle seine geistige, körperliche und Willenskraft in den Kampf hineinschleudernd, mit manchen Illusionen genährt, aber auch gestützt von demselben Geist ausdauernder Opferwilligkeit, die Friedrich den Großen triumphierend durch das glühende Gottesurteil des Siebenjährigen Krieges brachte. Wir müssen Deutschland in diesen Eigenschaften der Kühnheit und rücksichtslosen Ergebenheit, von denen es ein so weithin leuchtendes Beispiel gibt, zunächst einmal gleichkommen und dann es übertreffen."

Wir sehen somit als Ergebnis, daß alle Versuche Englands, die vor dem Kriege unternommen worden sind, um Deutschlands wirtschaftliche Stellung auf dem Weltmarkte zu zerstören, abgeprallt sind an der Leistungsfähigkeit der deutschen Volkswirtschaft. Nur das Weltkolonialreich hält England überhaupt noch die Stellung an der Spitze des Welthandels. Sein Gesetz „Made in Germany" vernichtete nicht die deutsche Warenausfuhr, sondern wurde ein Ehrenzeichen, sein Patentgesetz vermochte Unbequemlichkeiten zu verursachen, ohne die erhoffte Wirkung auszuüben, seine Schiffahrtsubventionen brachten ihm einen äußerlichen Erfolg, der durch die großen deutschen Schiffe längst wettgemacht worden ist. Für den verschlossenen Handel mit seinen Kolonien fanden wir andere Absatzgebiete in der Welt, seine Maßnahmen gegen uns waren Nadelstiche, die uns hier und da trafen, die aber nicht in der Lage waren, das mächtige Gebäude der deutschen Volkswirtschaft zu schädigen. Es steht noch genau so festgefügt da und wird so dastehen auch nach dem Kriege. Wir werden neue Wege finden, wenn es England gelingen sollte, uns einen Teil unseres Exportes abzunehmen; die Deutschen selbst werden in Zukunft hoffentlich auf unnötige fremdländische Erzeugnisse gern verzichten, und die Affenliebe des deutschen Volkes für das Ausländische um des Ausländischen wegen wird einen starken Stoß erlitten haben. In der Möglichkeit einer mitteleuropäischen Zollverständigung ist die Möglichkeit gegeben, ein gewaltiges Wirtschaftsgebiet von 120–150 Millionen Einwohnern dem Greater Britain Chamberlains gegenüberzustellen und dadurch jeden Schlag zu parieren, der etwa von England geplant sein sollte.

Auf politischem Gebiete aber muß dieser Krieg, der für Deutschland nur siegreich enden kann, wenn es überhaupt noch eine Moral in der Weltgeschichte gibt, das Ende der Monopolstellung Englands bringen. England in Schach zu halten ist unsere politische Aufgabe, wenn wir der Welt die Freiheit des Wirtschaftskampfes wiedergeben wollen, die unter Englands Monopolherrschaft heute leidet. Wir erstreben für uns keine Weltherrschaft, nicht die Unterdrückung anderer Völker, aber den freien Weg in die Meere, deutsche Stützpunkte für die deutsche Flotte genau so, wie englische für die englische Flotte bestehen, weitere Ausdehnung des Kolonialbesitzes und im übrigen den freien Wettbewerb mit allen Völkern der Erde ohne einseitige Vorzugsstellung für uns, aber auch ohne Vorzugsstellung für andere Länder. Finden wir den Weg in diese Freiheit, dann wird diese Freiheit, des sind wir sicher, in Zukunft im Wirtschaftskampf zwischen England und Deutschland die erste Stelle im Welthandel dem jungen deutschen Volke zuerkennen.